AF284537

Edition Poëm

GERALD RAUSCHER

Rückwärts rudern

Gedichte

2. Auflage 2020

Alle Rechte beim Autor.

Herstellung und Verlag: BoD -Books on Demand,
Norderstedt

Abbildung auf dem Einband:
Leopold mit Klein-Leopold von Andreas Heel
Satz & Layout: Andreas Heel

ISBN 978-37-52604-64-1

Eine Sonne geht aus
Wie das Aschenlicht
Geborgener Augen
Genährt vom Tönen
Das Dir blüht in
Dein Weiß gepfercht
In ein All im
Blässebad gereinigt
Vom Bemühen
Ausgeruht

Trockene Finger
Rühren an das
Modermoos
Gleichen wagend
In es hinein
Muskellos
Steigen ohne Schwere
Umhüllt von Drang

Das Geschehen
Grenzenlos vor sich
Teillos liegt es
Auf sich ruhend
Ohne Zwischenraum

Regen
In die Wolken
Zurück hinein
Kleidet dort draußen
Unter das Tuch
Den Mohn der
See gewisser noch
Staunt in das Schweigen

Schiffe schräg
Gestiegen ins Gewässer
Wiederholt der Berg
Wächst in die Tiefe von
Den Augen verdeckt
Zum Welken gebracht

Unter den Lebenden
Undurchdringliche Träume
Schweben schwach
Ihre goldgelbe Reise
Geburtstage zerplatzen
Wie der reife Bovist an
Das gelöschte Ohr
Die längste Zeit

Im Hangüberlaufen
Den Gräbern am Ende
Schallosschritt im
Waldmund

Das nahe Mal
Nägel aus dem
Inneren geschlagen
Träume dieses Blut
Das Gehirn zu
Asche getrocknet

Angetieft die Dächer
Taub in Dein Gebau
Knochenkurven
Eines Tages
Ins Geblühen

Nachtregen öffnetest
Du das Fenster
Tränktest das Fest
Der Geborgenen
Alles soll gut sein als
Wäre er erschienen
Fremd in Dein
Land nachtragen

Was könnte Dein
Steigen Duunirdenes
Angsthäute flechten
Die Gebirge weiße
Meere strahlen
Aus den Offenen
Hinterlassene Anwesenheit
Was ist es das
Wir waren
Wie fühlt sich
Diese Landschaft an

Wem gelten die
Tage des All die Jahre
Zwischen uns Gestiegenen
Wie alt ist ihr Sehen
Nur Heiligenschein
Der Mückenschwarm
Über Deinem Kopf
Berührverletzt im stillen
Garten bis Fremde
Einzieht in Dich

In den Hängen die wir
Hielten Mulde um Mulde
Tag an Tag um dies
Gelenk gebunden
Waren wir das Rinnen
Flußdurchtraut die
Schafgarbe und ein Herz
Unter dem Händedach
Färbten und gediehen
Lebten die Frucht und
Unser spätes Haar fiel
Ins gezweigte Land

Deine Münder weben
Unserm Staunen einen Gang
Und die helle Wäldernelke
Entflüstert Deinem Ohr
Gebrochen Blumen und Gras
Die Du nicht begangen
Geheiligt das Sitzen
Denn Du saßest

Fenchelhände eingeweihte
Seitliche Himmel ihr
Wundwein kam in uns
Ringe eingetragen in die Faszie
Wir Tannen liebten den späten Dunst
Die sattroten Abende und das Wunder
Harz strafend in uns verrann
Im aufgetrennten Fels

Wimpernernte auseinander
Berührt die Ferse brennesseldicht
Hebt kühlend Schaufeln am
Sonnenausgang gischtentflohn
Die Augen brennen
Gottgenug

In Ameisengewändern
Schlüpfen sie einher
Die Geregneten
Wachsen am Silbenbeet
Angefaßt das Zart
Zerfallen zu Böden
Werden Seen
Triefen triefen

Dein Herbst ist voll Kommen
Vasen werden wieder blühn
Der Tränkerin verwunschen wir
Danken ohne Dank
Schreiten den gewohnten Weg
Den Gewohnten ausgehoben
Wald Meingeisterhaus wie
Empfängst Du einen Heimkehrenden

Regen füllt das Herz
Dies ungetüme Schweben
Häuft in uns
Den Schattenvorrat
Ruh Dich über diesen
Gekröntes
Werde Name dem Gestirn
Laubbrüchig lehnst
Den Stamm Du
An den Körper

Fingerhütte hellen Monds
Schlichtet den Reisig
Die Meerenähe nie
Nahe genug die Ufer
Liegen vor uns angetrocknet
Tag uneigen lebensanders
Sprechen
Haben nichts
Kehren nirgends wieder

Dies wäre die Wiese gewesen
Sitzstatt über den Wurzeln
Dies die abwesende Luft
Die wir verstünden
Getaucht in unser Sprechen
Lägen ineins die Septemberländer
Wir Losen durchwehten sie
Und nun Kerben tot geborgen
Warum ist dies nicht

Wir liefen kernüber
Kamen aneinander und
Liebten festige Kühe
In ihrer Träge in ihrem Kauen
Waren sie selbst sich Städte
Hörten nicht auf zu binden
Felspflückend das Gemach
Und mehr als das

Im Flußlaub Tauchende
Sie stützte die Geländer
Schrittgehöht den Schnee
Und namengesalbt die Müdigkeit
Wie hast Du diese Furt geweint
Und sie sprach Dich mit Steinestimme
Sodaß es Dich gab
Und hob Dich auf
Den Farn ahmend

Sehe zu Dir im Wind
Über das hohle Tal
Dort hieltst Dein Gesicht
Du birkenumfangen
Dies Bachpaar ineinander
Fließt die Seelensteige
Die Aufform des Blutens
Wird hören sein gelbes Wehen
Im Meerischen oben

Händelos die Wolken lagen
Auf den schalen Gräsern
Ruhend sog das Feld die Gänge
Die gefiedererhobenen Rinden
Stiegen in den Atem an
Der Haltestelle des Körpers
Bog den Mund um dieses Lächeln

Sie gingen den Zaun
Von Rippen getrennt
Wunden wo sie nicht
Waren vor der Haut
Städte Tage ohne uns
Werden wachsam ohne Eifer sein
Auferstehen das gesengte Herz

Rückwärts rudern
Was sie dehnten diese
Unbegabten weiten Hände
Lebte in Novembern nur
Und klaubte an den Laubgeleisen
Das wir sehnten ist
Ohne uns nun fähig

Zeiger streichen über die Haut
Fühlen über die Herzkante
Die Endungen des Kiesel
Einatmend den stimmigen Ahorn
Sterne kehren suchen heim
Unfarben diese Augen fliehen
Das Dunkle Deines Kleids
Bist noch etwas Du von dem
Das wir uns waren

Durchgingst ihr sorgfältiges Gesicht
Das Zimmer in dem ungenauen Wetter
Die Stimmgewänder Deiner Stadt
Augen aus den Kellern hörten im
Flattern jener Frühe das ganze Sterben
Zweizüngig Ingwer aus dem Adertrog gekratzt
Und fändest dies Paar Wendungen

An den Ästen zählte Dich der Hasel
Wuchs um Dich den Ateminnenrand
Aus Kinderfinger gestülptem Lampion
Die Nacht als stille Nahrung
Umgingst die Haut das Wachen
Wie hätte es Dich geliebt
Eingeschneit die schrägen Lider
An Dir hängen blieb das Haar

Noch in die Hand gefaßt
Dein schlaufendes Weichen
Ungerührt die warmen Elche
Die Spur ahmenden Namens
In den Drähten rann Erinnern
Das sie an den Morgen trug
Unhörbar die zedernlose Rede
Überlagert vom Geländelaut
Was folgte waren Tage

Zaunkönig Zaunkönig
Kleinste verstreute Vielfache
Erreicherinnen aus Flaum
Aus grüngrün zutunloser Au
Glanzig berührt die
Fragekuppel dieses Wegsteins
Rauhnachtunumschlossen
Schaut in die Tagenge
Kindvergangenes Lupinenblühn
Tierbreit in den Puls geraten

Deine Stimme verdunstet
Spinnenbeinig von den Kuppen
Ins flackernde Herzgewölbe
Eingespeist in wintrigem Wortpelz
Stünden in sich zurück
In Deine Absenz gebrochen
Nicht Mann nicht Frau
Gingen von den Wolken
Und Tote gab es keine

Zu früh der Tag zu
Eng gelehnt ans flache Holz
Der hallige Kindrundgang
Die Straßenlampen Köpfe hängen
Gehellt ins trianglisch Offene
Von wo aus wir begegnen
Steht unsre Richtung still
Weihnachtsende wird sein
Und wir nicht mehr
Als Nachtsender

Unter der Haut unsereins
Ihr salziges Sprechen überdacht
Vom trockenen Vormund
Durchfließt es warmes Blut
Die wechselnde Ortschaft
Am Aderende ungebrochen
Schaut es aus den Augen
Hält inne ein gewisser Ort
Es muß das Sterben ändern

Uns Fühler gelegt um sie spiralisch
Eingepaßt im Schreckenhaus
Dies verlangsamte Verlassen
Durchtrennt von fern
Dich Gottmembran die
Knöpfe blieben alt am Leder
Weithergeholt die Wiederworte
Und nicht länger behaust
Umgab sie Leichenhall

Wieder einer der Tage geheilt
Vom Lidbruch zum Sitzen
Auf Stühlen an Tischen
Beim Essen vergangen
In Dein Auge geankert
Blieb die hohle Nacht
Entriet aus ihrer Hängegasse
Jene jännerunterlegte Stimme
Und über allem der Regen

Wie hell scheint Dein Gesicht
Von einem kiefernlosen Oben
Hält an Deinem Innenauge
Die Lücke unverlierbar
Durchwacht ihn Stein das Herz
Im bachdurchwohnten Schlaf
Und überflügelt vom Kapellengang
Wärmt fühlend es im Mundnest

Abendstimmung allen Teetagen
Geschnürt ans enge Herz
Den Faustfäden entlang über
Deine schwarzbelegte Zunge
Hauchend den Unbekannten
Ins kennende Ried
Warst Du nicht der
Der noch nicht sein wird
Und an brennender Luft
Hatten wir die Sprechsteppe für uns
Nur uns nicht

Von wo herein erst
Kämst durchs Tannenhaar
Du sorgennah vergebens
In ein Kleid aus Nähten
Adergewölk durchzäunt
Dich spätesten Erstling
Auf Astinseln in dem Meer
Gehend ausgetropft das
Sprechen

Nach Dir Schläfe
An Schläfe verbrannt
In unholbarem Röten
Alldeingelassen ohne Nähe
Essigaufgeschwemmt die
Schenkel aufgerissen
Triangel blind gestaut
In dies Versteck verzeilt

Herausgehüllt aus Deinen Mänteln
Liegt es fremd geteilt
In nackte Schritte
Bitterbrav und still an
Sternestelle fiel es
Noch nicht Mond
Umschüttet vom Holundergrab
Hinausgeheilt ins untägliche Dickicht

Zu Tode gelauscht
Nach Deinen Namen
War die Stadt verzogen
Als es zur Berufung kam
Schildkrötentief in Dich
Geliebtes Blau geworfen
Seelenschimmel Deine Haut
Ohne Ortsschild ohne Zelt
Gabst Du Dich erst
Als es zu leiden gab

Nach Dir

Unbenannt

Kehren zu uns

Ein in niemand

Gehöhlte zweikämmrig

Vom Städtetropfen

Narben ineinander

Wo Tage sind

In Gräserflaschen

Frequenzlos eingelitten

Dein Herz ist ein anderer

Hellgelb drängt die
Last an Deine Stimme
In die monatlose Bleibe
Hast das Sagen Du
Zurück die Februare
In den Finder hinein
Geplatzt die Netzhaut blaß
Tastend im Scherbenschleim
Fing nichts mehr

Allabend ohne Luft standen wir
Wie Gläser in dem warmen Dunkeln
Stuhl und Decke um Dich
Gelehnt die braunen Beete
Du bist noch so viel
Im März
Hier nicht wieder
Vorbei an diesem Nachmittag
Mantel und Brille wuchsen Dir
Überhand und nicht ein Warten
War mehr übrig

Enganfahrt die
Kufe stirnig
Weiterloschne Säle
Rettest vor Dich hin
Die Sonnen Eingeweide
Stieß das Blatt
An Dich geteilt
Durch hellen Morgen
Gehst Du nicht verloren
Gibt es keine Welt mehr

In das Tal gelegt
Die Außenhand
Vorgefaltet Fleisch
Und dörr unblutig
Rindenweiß
Kam um Dich
Die starre Herde
Zweig um Zweig
Atmend am Arztbaum

Annualisch der Traum
Gedacht der Totenfrau
Aufgestanden von Dir
In blankes Land hinunter
Sichtlos eingekohlt
In Deine Briefhaut siegt
Der Felsin Inlaut
Der Dich krönt
Mit Vergessen

Mit nichts
Und ohne Seite
Sprichts der Stab
Ins Steinerne
Vom Fels aus
Von Dir an
Nichts gestiegen
Als Dein Mund
Und Kindhandsegen
Wie weit verlassen
Wir Dich haben

Rinnt in erstes
Haar augabgeneigt
An diesem Freitag
Brutkastenschwarz
An diesen Baum
Flochten sie es heim
Altarstumpf übrig von
Dir Freund Verfall
Dir fehlt nur nichts

Unter Luftknochen
Eingescheibten Einsatz
Fliegen im Sonnenzeichen
Schleife um Schleife
Eingeweide Winden
Drehendrehen Bänke
Den Fairkopf
Halb Kalvarien
Berg halb Krieg
Maschine

Auf Dich zugespitzt
Die Unkrautnacht in
Nichts bekehrt und
Unsichtbar geschlafen
Läßt sie sieben Blüten
Wachen und erschöpfen
Dich ferne Felsin
Weggewälzt

Rindekreis
Dehnt ab von sich
Sein härzisches Versäumen
Im Blut bekränzt
Die Fingerprile
Die Wimpern ernten
Wo es nichts gab von
Sich zu ergattern
Als Waden Samen

Asselpanzrig hängt es
Eingelähmt in Dich
Verklebt vom Schmerz
Und Wort Dein
Engelnackter Kopf
Ergriffen von Dir
Schwergetrennt
Und nichts erinnert
An ein Atmen

Der Himmel voller
Schweigehänge
Liegt in Wein und
Hand verkommend
Angelehnt die Kindtür
Klammert mager Regen
Zu Regen eingefallen
Der Halo

Bergscheu in
Dich eingeduckt
Der Garten überhängend
Von Beeren und Erdduft
Mutter und Vater
Über Kreuz und
Ädrig ihr Maiblatt
Löscht Dein Gesicht
Feuchte abendwärts
Ausgeschnittenes

An die Nacht
Geschlagen und ziert
Höflich ohne Neigung
Der Pfosten frisch
Gestrichen und neu
Angebracht einen Wurf
Weit bricht nur Gold
Der Regen gelöst

In Kelchgestalt
Dringt es in den
Tag rückseitig
Kerzen und Namen
Um Krieg voraus
Im Nachmittagsaal
Von Dir abgestammelt
Vorbereitet auf die Hügel
Die Dich sehen
Eingefleischt in sich
Wievielfasrig Du
Inmitten

Hältst in meine Stimme
Gelenklos weiß gepreßt
Ineinsgekämmte Hände
Hebt kranartig ihre
Schwärzen über uns
Die Bürde seiner Teile
Aufgesteckt in höherem Grau
Trägst mich Dir zu

Kam um im Tor im
Vermauerten zu stehen
Um Dich gebaut die
Laute der Mantelbaum
Verknickt zu Ästen
Sang sich Dir zu
Gestickt in Deine Kehle
Die Sandlängen weiter
Als der Himmel

Lag um sie
Gegenhell der Turm
Gewendet schwamm aus
Ihren Leben Glocke
Um Glocke Inhumanes
Ziffernd aus dem Fliegenden
Ein Freund

Fenster weitend ein Gemach
Ineinsgekippte Flügel
Schwebt schonungslos
Die Erstgeborene
Lavendelüberbrückt
In zweite Städte
Der Hänge entwachsen

An der Schwere
Des Ballons gehievt
In die nächste Wüste
Uns Grasinschrift
In ländige Frühe
Heiligen Dir zu
Die Fünffrüchtigen
Am Ölbaum vor die
Kreidestadt gefangen

An Dir liegt
Nichts vom Rimon
Übrig aufgeströmt
Über den Augsteg
Hast August Du gebracht
Und mitgenommen
Bachkiesel umredet
Ohne Segel ohne
Meer

Als sie kamen
Ließt Du mich
Sichtbar und alles
Wie es ist
Tod leiden
Lernen vom eigenen Wort
Kraterweise eingetragen in
Die weiße Fliese die
Sterbeader hinterm Ohr
Zurückgesackt

Gehäutet das Tagkorn
Vergrub sich unverlangt
Als das Papier schon stand
Hinters Bemühen der Sonne
Eingeheimst vom Singsang der Äcker
Und unter dem Vorsprung der Luft
Schrak aus den Saugbügeln dieser Nacht
In der Du fehlst
Abgründin

Für den Moment einer Tochter
Gabst Du die Gabe frei
Hattest uns beigezogen
Für den Promenadengang
Im Flüstern der Beregnung
Das über unsern Mund fiel
Hielten es für Kindersingen
Hielten Dir die Hände
Nicht das geringste
Einer Stadt

Hinaufgedreht ins
Achsenkreuz im Dach
Am Boden bei den Glocken
So wird es sein
Das Geländer
Dir vergangen
Stand am Weg Deines Gehens
Nur Deine Lichter an
War kein Leben

Hieltst gemagert Sterne
Hin zu Dir und nagtest
Abermals die Strecke
An den Seiten mit
Dem Mantel
Der Dich trug
Dem Kleid
Das mehr war als Du
Im Windstillen
Wächst Dein Rauch
Mich Dir zu

Umknöpft im Lager
Von Abdrücken des Bodens
Ludernd deckende
Qualle um
Nicht zu sagen
Von den Häusern her
Bekamst Du mich
Als ihr Insaße

Windgerecht zuweilen
Starb Dir zu der Pulk
Das Haus vergangener Regen
Die sie liebte die
Zeitverschiebung zwischen uns
Und seelenverschmiert am
Letzten Stand kroch es
Von sich als es schon steil war
Zimttags verlottert der
Stein wie Du

Unter dem Gewicht des Regens
Von hinten hell reicht
Zurück in Dein Haar
Die weggewaschene Burg
Dein Laich Himmlerin
Über das Umarmen gelegt
Temperaturlos die runde Nacht
Sackt in die Kapsel
Und Standen sie und
Starben dicht bereit
Zu spät zu kommen

Die sanfte Stelle
Wo wir grüßen
Ging an uns
Nachtflecken lang
Hielt Dein Sprechen
Überm Ohr
Den Krieg
Schabt es von den Augen
Es ist alles
Hier

Abend aufgewachsen
Krümmt es über Dich
Die gelben Brocken
Und unbesessen
Legt die Luft zurück
In den Hang gereift
Die Seitenstille
Gibt träufelig an uns
Den Morgen wieder

Unten in den Händen
Vergrub uns der Wegerich
Eng aneinander gekrönt
Entflog dies weiße Geleit
In seine Nebenarme
Die Sonne halbhoch tattrig
Feuchtete ab die Nähte
Den Schlaf entlaubt und
Ausgehändigt

Auf Dich gehäuft
Die Glut des konischen
Tags in salzigem Bogen
Die Rede zwischen Nichts und
Nichts dicht geschraubt
So selbstsitzend der Stuhl
Bemalt mit Mund und Initial
Über die Hirnluke höher noch
Aufgelöst

In den beginnenden
Regenduft der warmen
Dächer des Erdobersten
Lag vor uns vorüber
Unklapperbares
Langwort ausgefädelt
Vor den Lippen
Abgemagert bis auf
Ihr angesogenes Licht
Handhinaus dies Ferngespräch
Zum Storchen

Du sahst so früh
Aus im Strauch
Ein Glanz eng
Über dem Weg
Ein umgestürztes Kind
In heilem Geschehen
Nachzügelnd und geduckt in
Händen Dein Anagramm
Des Verletzens

Stehengeblieben die Woche
Entlang von Tamar und
Schqedia ist dies so wirklich
Unter unserem Händedruck
Die Abkürzung über Wasser
In Deine Mauern
Sprachs am Ufer
Deinem Auge zu
Entzweigekippt

Atmetest Dir
Deinen Weg nach
Dem März zuhauf
Berührt und geschuldet
Entgegen dem Metall
Lebensfläche
Parallel an Dich
Brachst jetzt schon
Beide Gläser verlorst
All unsere Namen

Hier standen wir
Zunächst nur Wort
Auf Erden
Übernächtig still
Der Lücke gegenüber
Eingelegte Leuchtpunkte
Im Rosmarin die Stadt
Dir entlang gezogen während
Sie zum Wasser hielten
Empfahlst Du die Frucht

An Hand und Name
Kennbar umging Dich
Die Waggonzeit
Im Eigenklang der Stimmen
Das Sprechen überstanden
Über den Scherenhaufen
Vernichtend übrig ihre Puppen
Schönste Rettende jetzt
Umrandet von Pistazienschweigen

Hochweiß in ein Ende
Gequält die Gipfel in
Einer Art Heimkehr
Beidgleisig stiefelnd
Dies Aufenthaltswort
Auf Entfernung getrimmt
Hielt fest die Sicht über
Die Felsen hinunter
Das Meer

Wann war es her
Über Kopf eingerückt
Der Tag und wach
Verläßliche Wolken
Hielten die Quere
Zu Dir eigenwandig
Jene Stelle wo
Welt austrat

Unhaltbar hier und
Ungelenk das Häusliche
Am Gehen angelangt
Schichtete um Dich der
Erregnete Duft
Wie wir saßen
Glaubten wir den
Mildblüten vorderästig
Du hättest nicht später
Kommen können

Aufgeäschert ohne
Tag erwärmte sich
Der Steigegarten
Schwamm farbenweise
Vor das Herz
Das Morgige
Sah es Dir an
Brannte heller jetzt
Gab von Dir aus

Durchgehalten
Der Körper an uns
Gedrückt und eingewendete
Treue diente der Fläche Dir
Ausstehenden am nächsten
Gelang die Bildmitte
Fern verletzt das Insekt
An uns war kein
Vorbeikommen

In Deiner Hälfte war
Noch Licht Geträumteste
Schrumpelig warm vom
Nachmittag durchschwebt
Ein Stückwerk die Post
In Dich ausgekrochen
Schundfest der Werdegang
Das Palimpsest eines Herzens
Die Kakerlakenliebschaft
Zu Dir erdrückt

In warmen Streifen
Stand voll der Raum
Mit Dir und Kastanien
Berappten die fehlenden
Nächte und Berge das
Schloß um uns von
Nirgends her das
Wort der Henker
Ein Singen unter
Den Lippen ein
Regenplausch

Weinbergmaske über dem
Mitfühlenden Land die Blätter
Vorgehalten die indirekteste Rede
Das angezogene Licht an
Den Rindenfransen
Am Regen zu erkennen
Das Korinthenwunder wuchs aus
Uns abstandsgrün und Zeit
Auf keiner Seite

Nach dem Gehen
Erst flogen Dir zu
Die Namen die schwache
Erde war zu sehen die
Tabellarische Seele über
Den Handrücken aufgewölbt
Rutschte zurück auf Dich
Die Laubbefragung andernorts
Rettete den Tag in
Sein Fleisch das Großäugige
Nahm den Berg mit in die Wüste

Die Koncha
Stand leer und ohne
Makel eines Anfangs
Übermenschlich schwerfällig
Das Hauchige vom
Auge untertunnelt
Hier hätte es
Gestanden

Unter ihrem Zimmer
Wurde Nacht verlief
Die Häftlingsgrenze
Laut am Ufer gegen
Das Flugungetüm
Dein Laubitinerar in
Der Farbe der Schrift
Eingekörpert Deinen Stamm
Hinauf geschrieben

Nahezu undatiert
Das Kieselgespann der
Häute lag sanft im Regen
Unter den gelben Dächern
Himmelschreibend Nacht
Und Mensch in Kopfhöhe
Das Gewürm unterwandert
Sah Dich im Weinberg
Neunundzwanzig der
Steinschläfer

Unbeschädigt
Hell der ganze
Ball vor dem Du
Standest eingerückt
Der Tag hier findet
Anders statt
Flach über Dich
Die Hände abgetragen
Begrüßt an allen Flecken
Fremde die wir
Uns trafen

Keine Blume
Weit hielt zu
Dir eingehakt das
Organisatorische
Die Sterne um Dich
Ärmer und kein
Bewegen mehr ein
Versprechen an
Deiner Fruchtstelle
Körper